# DISCOURS

PRONONCÉ

Le dix Floréal, an VII,

## À LA FÊTE DES ÉPOUX

PAR

LE C.en F. V. MULOT,

ancien Membre de l'Assemblée législative, Prof.
de belles Lettres, Membre du Lycée des Arts,
et de la Société libre des Sciences, Lettres,
et Arts de Paris.

---

MAYENCE,

chez ANDRÉ CRASS, Imprimeur du Département.

Μὴ μείνῃς ὔγαμος,

Ne maneas cælebs.

PHOCYLIDES.

# DISCOURS
## pour la Fête des Époux.

CE n'est pas sans de puissans motifs que la Convention Nationale des Français mit au nombre des fêtes solemnelles la fête des époux. Elle avoit proclamé la France République; elle devoit conséquemment faire célébrer avec appareil cette union qui est le soutien des Puissances Républicaines. Elle avoit rappellé l'homme aux lois douces et simples de la nature; pouvoit elle ne pas ordonner que l'on solemnisât les nœuds que forme elle même cette mère commune et prévoyante, ces nœuds dont elle a mis le désir dans tous les cœurs, et faire ainsi chérir ce rapprochement naturel des sexes nécessaire propagateur des humains? Pour ne gêner aucun des François, dans le libre exercice de sa religion, la Convention avoit rendu, à la puissance civile, le droit de reconnoître, et de proclamer les époux; elle devoit, par une solemnité spéciale, prouver qu'à ses yeux le mariage n'étoit pas moins sacré que lorsqu'il étoit béni par les ministres particuliers d'un culte quelconque. Enfin, ayant reconnu, comme fondée sur l'éternelle raison, la séparation que pourroient demander des époux que rendroient malheureux soit un caractère incompatible, inconnu de l'un et de l'autre à l'instant de leur union; soit des haines survenues, ou de mauvais traitemens fruits d'une passion brutale cachée d'abord sous le bandeau de l'amour et trop tôt reconnue à la lueur du flambeau de l'hymen; Elle devoit, par une institution publique, inspirer le désir de ne former que des unions assorties qui rendissent la loi du divorce d'une application moins souvent nécessaire, et procurassent, aux sociétés particulières des époux, ce bonheur qui contribue tant à la félicité de la société générale.

Oui, Citoyens, tels m'ont paru avoir été les motifs des Représentans Français, dans l'institution de la fête des époux; et, l'Université de Mayence que les magistrats de cette

Commune ont invitée à concourir tant par sa présence, que par de sages leçons à la solemnité de cette fête, m'ayant chargé de prononcer un discours qui répondit à sa dignité et à son importance, j'ai cru devoir développer les motifs de nos législateurs, en faire sentir toute la sagesse, confondre par ce moyen les détracteurs de nos lois nouvelles, et, en remplissant ainsi l'auguste fonction d'instituteur, seconder tout à la fois le vœu de la nature, celui du gouvernement, celui de toutes les ames honnêtes qui ne désirent que de connoître seulement le véritable esprit de nos lois et de nos institutions, pour les chérir.

---

Certes! il étoit bien essentiel qu'après avoir proclamé la République, nos législateurs pensassent à en assurer la durée, en honorant de toutes manières la vénérable union des époux. N'est-ce point, en effet, l'union conjugale qui procure des Citoyens aux Républiques; (a)

---

(a) Reipublicæ ita consulitur, civium numerus augetur. Et si propter rempublicam contra animi sententiam multa sunt alia facienda; etiam hu-

qui peuple nos champs d'agriculteurs laborieux ; nos mers de navigateurs intrépides ; nos ateliers d'artistes intelligens et précieux ; nos lycées de savans ; et nos armées enfin de défenseurs ? c'est elle, c'est cette union féconde qui seule peut faire oublier les suites inséparables de la régénération des états, laquelle ne s'opère que dans des bains de sang, ainsi que l'a trop énergiquement écrit *Raynal.* Oui c'est à Venus, pour me servir de l'expression des poëtes, c'est à Venus à nous consoler des pertes de Mars ; et Venus, dans le langage des mythologues n'étoit-elle point la mère des amours, de ces dieux puissants qui étoient censés presser les hommes à former ces nœuds si doux, que l'hymen venoit ensuite rendre légitimes et sacrés.

Gloire vous soit donc rendue, Représentans du Peuple François ! qui, pénétrés de la

---

jus in gratiam matrimonium contrahendum. Alias enim urbes et populi non manebunt : non erunt qui pacis tempore terram colant, exerceant navigationes, artes et opera tractent ; belli tempore rempublicam tueantur ac defendant. *Dio. I.* 56.

nécessité d'honorer le mariage, n'avez pas voulu seulement peupler d'époux cette partie du sénat, où devoient se réviser les résolutions de l'autre; ne vous êtes pas bornés à n'accorder la sanction des lois qu'à ceux qui, par cette union vénérable, avoient donné des ôtages ou du moins des arrhes à la société, (b) mais qui, par une fête solemnelle, avez eu pour but d'exciter les hommes à cette union nécessaire, de rendre un hommage national à l'union réparatrice et productrice des humains, et, en montrant votre respect pour elle, de condamner indirectement le froid et

---

(b) Gravissimè delinquunt et multis modis delinquunt qui cælibatum sequuntur: homicidium committunt quia eos non procreant, quos nasci ex eis conveniebat; impii sunt, quia faciunt ut honores et nomina majorum pereant; sacrilegi sunt, qui tollunt genus suum à mortalibus monstratum, tanquam maximum omnium sacrorum donariorum, αναθηματων; civitatem dissolvunt, eo quod legibus non obtemperant; produnt patriam, dùm sterilem et infæcundam eam reddunt; imò evertunt funditus quandoquidem civitas non ædibus, porticibus, foris in anibus sed hominibus constat. *Dio. I.* 56.

destructeur célibat, sur qui déjà vous aviez, comme chez les anciens, fait peser une plus grande quantité de charges publiques.

Le célibat! quel nom ai-je prononcé? ah! c'est celui d'un crime envers la nature et la société, (c) d'un crime qui, chez les Spartiates, éloignoit des jeux, des spectacles, des festins et des fêtes publiques; que les Lacédémoniens punissoient en forçant ceux qui s'en étoient rendus coupables à paroître sans aucun vêtement, au plus fort des hyvers, dans le milieu de la place publique, et de chanter, ainsi dépouillés, des vers composés contre eux mêmes, et dans lesquels on disoit qu'ils méritoient cette ignominie, pour ne s'être pas soumis aux lois; d'un crime pour lequel chez les Athéniens on étoit, à *de certains jours*, traîné à un autel, où des femmes armées de fouets punissoient les coupables de leur indifférence; (d) et que, chez d'autres, une loi spéciale faisoit

---

(c) Spartæ, de Lycurgi instituto, non admittebantur ad ludos et spectacula, et convivia publica, qui uxores ducere nollent. *Plutarch. in Lycurgo.*

(d) Apud Athenienses die quodam festo, cœlibes

suivre de la confiscation partielle des biens; d'un crime enfin, contre lequel nos codes ne contiennent point de dispositions pénales, par cette raison sans doute, qu'il porte avec lui sa peine et son tourment. Est-il, en effet, un homme plus misérable que ce prétendu sage, qui, calculant à l'âge de la force et de la vigueur, toutes les chances désagréables que peut amener le mariage, et ne le fixant que sous cet aspect, sans égard pour sa patrie qui lui demandoit des enfans, sans obéissance pour la nature qui, par tous ses sens, lui commandoit de se reproduire, est parvenu célibataire jusqu'au déclin de ses jours, et, seul au milieu de la société qui le méprise ou qui l'oublie, n'a, dans sa vieillesse, ni les consolations que donnoit *Baucis* au vieux *Philémon*, ni les bras de ses enfans pour l'aider à se soutenir, ni leurs mains pour fermer sa paupière débile et mourante, ni leurs regrets pour l'accompagner et le suivre au tombeau.

---

à mulieribus circum aram tracti flagris cæsi fuerunt. *Julius Scaliger*, *libro 3 de re poëticâ*.

Quelle différence entre cet être abandonné, et celui qui, fidéle à la loi de la nature, n'a point dédaigné l'autel et les nœuds de l'hymen : qui, comme *Pythagore* et *Socrate*, n'a point trouvé dans la philosophie d'empêchement à cette union ! (*e*) fut il jamais, dit *Stobée* (*f*), de société plus agréable que celle d'un homme et d'une femme unis par ses liens ? La Réunion d'un compagnon fidéle, d'un frère chéri, d'un fils adoré n'a pas autant de charmes que celle d'une épouse pour son époux. Connoit-on d'absence plus pénible que celle d'un mari

---

(*e*) Cum vero quidam dixisset nuptias sibi videri impedimento ad philosophandum esse : *Pythagoræ* quidem, dixit *Musonius*, non fuit impedimento, neque *Socrati*, neque *Crateti*, quorum unus quisque cohabitavit uxori : nec ullos alios nominare possis qui melius illis philosophati sint. *Stobœus de laude nuptiarum.*

(*f*) Nullam vero necessariam magis aut suaviorem conjunctionem, quam viri et mulieris reperias. Nam quis sodalis sodali, aut frater fratri, aut filius parentibus tùm fuerit amicabilis et gratus quam uxor est suo marito ? cujus item absentia adeo desirabilis est, quam viri uxori, et uxoris viro ? *Stobœus de laude nuptiarum.*

pour une femme qui l'aime, ou d'une femme pour un époux qui la chérit? Mutuellement ils s'allégent le fardeau de la vie, adoucissent ou éloignent les approches de la tristesse, et s'entr-aident à porter le poids des calamités. Qu'elle main plus douce essuya des larmes que celle d'une épouse? qui jamais rendit moins amères celles d'une femme que son mari lorsqu'il vient y mêler les siennes? Les diverses saisons de la vie ne font que varier les plaisirs des époux. A la vigueur de l'âge; c'est en satisfesant et le cœur et les sens, qu'ils augmentent la grande famille de l'univers, payent à la société le tribut qu'ils lui doivent, éternisent leur existence par celle de leurs enfans, et se préparent une espèce d'immortalité. Plus tard, c'est dans l'intimité des sentimens qu'ils trouvent le bonheur; l'éducation de leurs enfans, leurs succès, leur gloire contribuent à leur félicité. Quand enfin les ans s'accumulent, et que la vieillesse attiédit la chaleur des sens, c'est dans les mutuels secours qu'ils se donnent, qu'ils rencontrent le plaisir; entourés de tous ceux qui leur doivent le jour, c'est à leurs yeux la couronne la plus agréable: leurs jeux, leurs plaisirs leur rappellent les leurs, et semblent les reporter au plus beau temps de leur vie: ils jouissent lorsqu'ils peuvent les unir par les nœuds de l'hymenée; à la naissance de leurs petits enfans ils jouissent encore; et la mort, lorsqu'elle arrive, leur semble moins pénible, parcequ'en frappant en eux la souche de la famille, ils croient survivre à ses coups par les rejettons qui fleurissent autour d'elle.

Eh! l'auteur de la nature ne devoit-il pas, j'ose le dire, ne devoit-il pas à l'homme d'accompagner ainsi de mille agrémens une union à laquelle il l'appelloit, de laquelle dépendoit la conservation de son plus bel ouvrage; et puisque, dans le sang et dans le cœur des humains, il mettoit le besoin et le désir brulant du mariage; puisqu'il communiquoit aux deux sexes cette espèce d'aimant qui les attire invinciblement l'un vers l'autre, il devoit attacher aussi à leur réunion tous les charmes qui pouvoient la rendre autant agréable que lui même l'avoit rendue nécessaire.

Mais qu'elle voix se fait entendre, et me dit ,, sans doute, le mariage a des charmes:

„ sans doute il est respectable par lui même,
„ puisqu'il est le conservateur et le consolateur
„ de l'espèce humaine, le soutien des Répu-
„ bliques, l'état le plus conforme au vœu de la
„ nature; mais que peut être aux yeux d'un
„ homme vertueux, cette union, tant qu'elle
„ ne reçoit aucune bénédiction céleste par les
„ mains d'un prêtre, et qu'elle n'est point ainsi
„ élevée à une dignité mystérieuse, qui la
„ distingue de celle des brutes ou des sauva-
„ ges, dont ces derniers ne tiennent que
„ trop. "

Citoyens, si ce discours doit vous étonner, qu'il ne vous allarme pas. Le fanatisme seul a pu le concevoir et l'enfanter; non, ce n'est point aux prêtres, qui ne sont que les ministres des cultes divers qui partagent les opinions des hommes, et qui n'ont de droits que sur ceux de leurs sectaires qui veulent bien leur en reconnoître: non, ce n'est point à eux à fixer les lois sociales du mariage qui intéresse, par sa nature, tous les individus de la société générale, quelque soit leur culte; c'est au souverain, c'est au peuple à préciser par ses Représentans, les conditions auxquelles il reconnoîtra les époux ; c'est aux fonctionnaires, qu'il a lui même élus, qu'il appartient uniquement de proclamer légitime cette union entre les citoyens. Le prêtre a pu quelque temps, longtemps même, en être le témoin indiqué par les lois : lui seul a pu être chargé d'en rédiger les actes ; mais, quand la voix du peuple lui a retiré ces fonctions, il n'est plus rien que ce qu'une opinion isolée veut qu'il soit pour celui qui la professe ; il n'a point de pouvoir sur le contract qui se passe au nom de la société tout entière. Et dans le régime ancien lui même qu'étoit-il proprement ? un témoin, un rédacteur du serment conjugal. La bénédiction qu'il donnoit et que je respecte comme fesant partie d'un culte toléré, sa bénédiction n'empêchoit pas les tribunaux de rompre les unions bénites qui n'avoient pas été contractées conformément aux lois existantes alors ; et, si cette bénédiction a été, pendant des siècles, en France, une partie tellement nécessaire du mariage qu'il étoit déclaré nul quand on n'en pouvoit montrer des traces écrites ; c'étoit par suite de l'empire usurpé, qu'exerçoit sur les rois et sur les peuples une religion devenue tyrannique, par cela seul qu'elle *s'étoit rendue exclusive*.

Puis, suivant notre constitution nouvelle, qui empêche, après avoir satisfait aux lois de la société, que l'on retourne dans les lieux abandonnés pour l'exercice des cultes, prendre toutes les bénédictions que l'on croira nécessaires? nous ne nous y opposons pas. Catholiques, Protestans, Juifs, appellez vos prêtres, vos ministres, vos rabbins, peu nous importe; cela seul intéresse la société que, sous le prétexte d'une religion quelleconque, on ne vienne point tourmenter les citoyens; exiger d'eux des contributions pécuniaires pour des publications de bans qui n'ont jamais pû être que des proclamations civiles, abolies pour le mariage des citoyens par les lois présentes; ou pour des dispenses de parenté que les lois anciennes souffroient que l'église accordât au poids de l'or, et que la nation pouvoit et devoit supprimer, puisque, non contraires à la nature ni à l'ordre social, il suffisoit de les acheter pour les obtenir. Cela seul nous intéresse, que l'on ne vienne point troubler, par des suggestions faussement pieuses, des citoyens paisibles qui croyent le mariage *sacré* quoiqu'il ne soit contracté qu'en présence de nos magistrats.

Et comment, en effet, seroit-il moins *sacré* que les autres? n'est-il pas fait en face de l'être suprême, d'après le vœu de la nature, conformément aux lois de la Patrie, sous les yeux des élus du peuple? qu'est-il autre chose à l'église, à la synagogue, au temple décadaire, qu'un contrat solemnel par lequel s'unissent deux cœurs, dont le but est de se reproduire pour le bien de la société générale comme pour leur propre bonheur, et de se procurer mutuellement toutes les jouissances et tous les secours qu'exigent ou permettent la nature et les lois? Et quand on me dit qu'au moment où furent formés les chefs premiers de la famille des humains, en leur ordonnant de *croître* et *de multiplier*, l'auteur de la nature, le créateur de tous les êtres, Dieu les bénit, n'ais-je pas le droit de demander si nous ne sommes pas les enfans de cette race bénite dans sa réproduction, ou si la bénédiction céleste s'est usée par le laps des siècles?

Mais

Mais pourquoi m'arrêter à disputer ainsi contre de vaines clameurs ? il est sacré par lui-même le contrat des époux ; il est, comme tous les autres sermens, saint par son essence, le serment qu'ils font en s'unissant ensemble, et il n'a pas besoin d'un prêtre pour lui communiquer ce caractère. Oui, quand, la main sur mon cœur, je prends à témoin l'être suprême de l'union que je contracte et que constatent les magistrats ; tant que mon engagement n'est point légalement annullé, j'en suis comptable à la société générale comme à mon épouse, à moi comme à la Divinité : et je ne me pique pas de connoître un serment plus sacré que celui de l'homme de bien.

Fête sublime des époux, c'est spécialement parceque le mariage est honorable et saint que tu fus instituée ! que je vous loue, magistrats du peuple, de lui avoir voulu donner toute la solemnité qu'elle mérite (*g*) ! que j'aime à voir présent à cette cérémonie le Représentant

---

(*g*) Expression de la délibération de la Municipalité de Mayence.

B

du Gouvernement françois (*h*) qui, venant ici vous donner nos lois, veut vous les faire aimer par son exemple! que je promène avec plaisir mes regards sur ces grouppes de pères de famille et de mères vertueuses qui sentent toute la dignité de leur état, et viennent autour de l'autel de la patrie célébrer leur bonheur! quelle doit être aussi consolante pour nos défenseurs cette intéressante fête! s'ils succombent, au sein de la gloire, sous les coups de nos ennemis, ils joindront à la consolation de *mourir pour la patrie*, celle de savoir que l'union conjugale, honorée parmi nous, réparera leur perte; et s'ils retournent dans leurs foyers après avoir donné la paix à l'Europe, quelle fille vertueuse ne voudra pas enlacer au laurier qui ceindra leurs têtes, le myrthe des amours et les roses de l'Hymen?

Envain, pour affoiblir cette grande et consolante idée de la sainteté du lien conjugal, tenteroit-on de nous opposer la facilité que la

---

(*h*) Le Citoyen *Marquis*, Commissaire du Gouvernement dans les nouveaux Départemens étoit à la fête.

loi nous donne pour le rompre. Quoi? parceque nous avons la facilité de nous ôter la vie, la vie en seroit-elle moins sacrée pour nous? non, certes! eh bien, il en est de même du mariage. Cette facilité de le dissoudre, la fragilité de la nature, l'inconstance des humeurs, l'aveuglement de l'amour quand il porte seul à cette union, l'obéissance souvent forcée à des parens avides et barbares, les mœurs publiques, les clameurs dont rétentissoit le barreau, tout annonçoit la nécessité de l'accorder, tout appelloit une loi qui autorisoit le divorce, et je regarderai comme un honneur pour moi, d'avoir concouru à la rendre, au sein d'une assemblée (*i*) pour qui elle sera un éternel monument de sagesse et de philantropie.

On a pû sans doute abuser de cette loi nécessaire et bienfesante, les circonstances du temps, la corruption des mœurs, ont pû en favoriser la criminelle application; mais, en blamant les abus que l'on en a fait, applaudissons à son rétablisse-

___

(*i*) L'assemblée législative.

ment (*k*), et concluons, en honorant l'union des époux, à ce qu'un choix assorti inspiré par la nature, guidé par la raison, mette les époux futurs à l'abri d'en faire usage. Oui, que les hommes, désintéressés et prudens, ne cherchent de femmes que parmi celles dont la vertu embellit et complette la dot; qui, élevées dans un état le plus rapproché du leur, doivent offrir dans leurs habitudes et dans leurs mœurs une analogie plus grande (*l*)! que le sentiment plutôt qu'une passion bouillante, ou le froid calcul de l'intérêt, dicte leur choix! que toute idée de puissance et de tyrannie s'éloigne de leurs cœurs; et que leur pouvoir sur leurs épouses, ils ne le puisent que dans les dispositions qu'ils sauront faire naître! Confiants, sans être aveuglement crédules, que jamais un soupçon jaloux ne vienne

---

(*k*) Je me sers de l'expression *Rétablissement* parceque, dans une note de mon discours pour le couronnement des *Rosières* prononcé dans la salle du Lycée des arts à Paris, j'ai prouvé que le divorce avoit existé sous le catholicisme, comme on peut s'en convaincre par la citation que j'y ai faite du formulaire de divorce rapporté par le moine *Marculphe*.

attrister l'amour fidèle! également ennemis de l'avarice et de la prodigalité qu'ils s'appliquent à ne refuser que ce qui nuiroit à la réputation de sagesse de leurs épouses, ou à l'éducation de leurs enfans!

Prudentes et sages, autant que les hommes, que les femmes, dans le don de leurs mains, ne cèdent jamais ni aux circonstances impérieuses, ni au pouvoir injuste, ni à la passion aveugle et frivole! Épouses, que la douceur soit une de leurs qualités chéries, toujours prête à embellir la société conjugale et à détourner les orages domestiques (*m*)! que la simplicité, sans affectation préside à leur parure! Assidues à leurs demeures qu'elles soient les œconomes de la maison, et qu'elles remplissent avec zèle toutes les fonctions auxquelles semble, plus spécialement, les avoir destinées la nature!

Oui, quand ces vertus de la société particulière, qui constituent une partie essentielle

---

(*l*) Si qua voles apte nubere, nube pari. *Ovidius*.
(*m*) Responsio mollis frangit iram.

des vertus républicaines, seront une fois celles de nos époux, ah! n'en doutons plus, la facilité du divorce ne sera point un motif pour l'employer, nous n'en verrons pas davantage que dans les premiers temps de la République Romaine; et les époux, vieillissant dans les liens formés dès leur jeunesse, publieront eux mêmes et forceront à convenir que la loi du divorce contribue à resserrer les liens honorables du mariage, et que cette loi, salutaire par elle-même, n'est faite que pour les époux malheureux.

Union sainte et respectable du mariage vous serez à jamais le soutien d'une République qui vous honore, et l'objet de la vénération universelle des hommes! sacrée à tous les yeux, quelque soit le culte des époux, par cela seul que vous êtes fondée sur le contrat et le serment de l'homme de bien, puisse-t-on n'employer jamais pour vous dissoudre une loi qui ne doit être que la ressource du désespoir.

F. V. MULOT.

# Rede,

gehalten

den zehenten Floreal 7ten Jahres,

am

## Feste der Ehegatten,

vom

### Br. F. V. Mulot,

ehemaligem Mitgliede der gesezgebenden Versammlung, Professor der schönen Wissenschaften, Mitgliede des Lycäums der Künste, und der freien Gesellschaft der Wissenschaften, Litteratur und Künste zu Paris.

---

Mainz,

gedruckt bei Andreas Craß, Departements-Buchdrucker.

Im VIIten Jahre der fränkischen Republik.

Μὴ μείνῃς ὕγαμος,

Ne maneas cælebs.

PHOCYLIDES.

# Rede,
## am Feste der Ehegatten.

Nicht ohne wichtige Gründe hat der fränkische National-Konvent das Fest der Ehegatten in die Reihe der festlichen Tage gesezt. Er hatte Frankreich für eine Republik erklärt; er muste also auch diese Vereinigung, die Stüzze der republikanischen Macht, durch die Feier eines Festes verherrlichen. Er hatte den Menschen auf die sanften und einfachen Gesezze der Natur zurük gerufen; mußte er nicht auch das Feiern jener Bande verordnen, die diese gemeinschaftliche und vorsorgende Mutter selbst knüpft; Bande, wozu sie den Trieb in Aller Herzen gelegt hat.... und so der natürlichen Vereinigung der Geschlechter, diesem nothwendigen Fortpflanzungs-Mittel des Menschen, neuen Reiz verschaffen? Um keinen Franken in der freien Uebung seiner Religion zu stören, hatte der Konvent der weltlichen Macht das Recht wieder gegeben, die Ehegatten, als solche, anzuerkennen und auszurufen; er mußte nun noch durch eine eigene Feierlichkeit darthun, daß ihm die Ehe eben so heilig ist, als wenn sie den Segensspruch irgend eines Religionsdieners empfangen hat. Er hatte endlich, als auf die ewige Vernunft gegründet, die Ehescheidung anerkannt, welche Ehegatten verlangen können, die entweder ein von beiden im Augenblikke ihrer Verbindung noch nicht gekannter unverträglicher Karakter, oder ein nachher entstandener Haß, oder Mishandlungen unglüklich machten, welche Früchte einer viehischen, anfangs unter der Binde der Liebe verstekten, aber nur zubald bei Hymens leuchtender Fakkel erkannten Leidenschaft waren; Er mußte demnach, durch eine öffentliche Anstalt, das Verlangen einflößen, keine andere als passende Verbindungen einzugehen, welche die Anwendung des Ehescheidungs-Gesezzes nicht so oft nothwendig machen, und der ehelichen Gesellschaft jenes Glük gewähren können, das eine so reiche Quelle des allgemeinen Wohles ist.

Dieses, Bürger, scheinen mir die Gründe gewesen zu seyn, welche die fränkischen Repräsentanten bewogen haben, das Fest der Ehegatten einzusezzen; und da die Mainzer Universität, auf die Einladung der hiesigen Magistrate, die Feier dieses Tages durch ihre Gegenwart und durch weise Lehren zu erhöhen, mir aufgetragen hat, eine der Würde und Wichtigkeit desselben angemessene Rede zu halten, so glaubte ich, die Beweggründe unserer Gesezgeber entwikkeln, ihre ganze Weisheit fühlbar machen, die Verläumder unserer neuen Geseze dadurch beschämen, und so, durch Erfüllung der erhabenen

Amtspflicht eines Lehrers, zugleich die Absichten der Natur, der Regierung, und aller Edeln befördern zu müssen, deren einziger Wunsch ist, den wahren Geist unserer Gesezze und unserer Einrichtungen kennen und lieben zu lernen.

———

Ohne Zweifel war es eine wesentliche Sorge unserer Gesezgeber, nachdem sie die Republik proklamirt hatten, ihre Dauer zu sichern, und die würdige Vereinigung der Ehegatten auf alle Art zu ehren. In der That, ist es nicht diese Vereinigung, die den Republiken Bürger verschaft a)? Die unsere Ländereien mit arbeitsamen Feldbauleuten, unsere Meere mit herzhaften Seemännern, unsere Werkstätte mit geschikten und schäzbaren Arbeitern, unsere Lycäen mit Gelehrten, und unsere Heere mit Streitern bevölkert? Sie, diese fruchtbare Vereinigung, allein ist vermögend, die Folgen vergessen zu machen, die von der, nach Raynals zu starkem Aus-

———

a) Reipublicæ ita consulitur, civium numerus augetur. Et si propter rempublicam contra animi sententiam multa sunt alia facienda; etiam hujus in gratiam matrimonium contrahendum. Aliàs enim urbes et populi non manebunt: non erunt qui pacis tempore terram colant, exerceant navigationes, artes et opera tractent; belli tempore rempublicam tueantur ac defendant. *Dio. I.* 56.

drukke, nur in Blutbädern zu Stande kommenden Wiedergeburt der Staaten, unzertrennlich sind. Ja, Venus ist es, um mich der Dichtersprache zu bedienen, Venus ist es, die uns für den Verlust tröstet, den Mars uns zufügt; und war Venus, in der Sprache der Mythologen, nicht die Mutter jener mächtigen Götter, von denen man glaubte, daß sie die Menschen antrieben, jene so süßen Bande zu knüpfen, die Hymen hernach rechtmäßig und heilig machte.

Ruhm dann Euch, Stellvertreter des fränkischen Volkes! Ueberzeugt von der Nothwendigkeit, die Ehe zu ehren, habt ihr nicht nur jenen Theil des Senates, dem die Prüfung der Schlüsse des Andern übertragen ist, mit Ehegatten bevölkern wollen, und euch nicht begnügt, die Sanktion der Gesezze nur jenen vorzubehalten, die durch diese ehrwürdige Vereinigung dem Staate Geiseln oder doch Pfänder gegeben, sondern auch durch ein eigenes Fest die Menschen zu dieser so nothwendigen Verbindung aufmuntern, und ihr, der Schöpferin neuen Lebens, im Namen der Nation huldigen, und indem ihr auf diese Art derselben eure Verehrung bezeugtet, der kalten, tödtenden Ehelosigkeit, auf die ihr schon, wie auch vor Alters geschahe, eine größere Bürde von Staatslasten gewälzt hattet, das Urtheil sprechen wollen.

Cälibat! Welches Wort sprach ich? Ha, es ist der Name eines Verbrechens gegen Natur und Gesellschaft b), das bei den Spartanern c) von den Spielen, Schauplätzen, öffentlichen Gastmalen und Feierlichkeiten ausschloß; das die Lazedemonier dadurch bestraften, daß sie diejenigen, die sich dessellben schuldig gemacht hatten, zwangen, in der härtesten Kälte, mit naktem Leibe auf öffentlichem Markte zu erscheinen, und in dieser Blöse Verse herzusingen, die gegen sie selbst verfertigt waren, und in denen es hieß, daß sie diese Schande verdienten, weil sie sich den Gesezzen nicht unterworfen hätten; — eines Verbrechens, um dessenwillen man bei den Atheniensern, an gewissen Tagen, an einen Altar geschleppt wurde, wo mit Ruthen bewaffnete Weiber die Schuldigen für ihre Gefühllosigkeit züchtigten d), und das anderstwo, nach

---

b) Gravissimè delinquunt et multis modis delinquunt qui caelibatum sequuntur: homicidium committunt quia eos non procreant, quos nasci ex eis conveniebat; impii sunt, quia faciunt ut honores et nomina majorum pereant; sacrilegi sunt, qui tollunt genus suum à mortalibus monstratum, tanquam maximum omnium sacrorum donariorum, ἀναθημάτων; civitatem dissolvunt, eo quod legibus non obtemperant; produnt patriam, dùm sterilem et infoecundam eam reddunt; imò evertunt funditus quandoquidem civitas non aedibus, porticibus, foris inanibus sed hominibus constat. *Dio. I. 56.*

c) Spartae, de Lycurgi instituto, non admittebantur ad ludos et spectacula, et convivia publica, qui uxores ducere nollent. *Plutarch. in Lycurgo.*

d) Apud Athenienses die quodam festo, caelibes à mulieribus circum aram tracti flagris caesi fuerunt. *Julius Scaliger, libro 3 de re poëtica.*

einem eigenen Geseze, die Konfiskation eines Theils des Vermögens nach sich zog; eines Verbrechens endlich, welches unsere Gesezze mit keiner Strafe belegen, wahrscheinlich, weil es selber seine eigene Qual und Strafe mit sich führt. Giebt es wohl ein elenderes Geschöpf als den Afterphilosophen, der in der vollen Kraft und Stärke seines Lebens alle im Ehestand denkbare widrige Fälle berechnet, und ihn nur aus diesem Gesichtspunkte betrachtet, gleichgiltig gegen sein Vaterland, das Kinder von ihm foderte, taub gegen die Stimme der Natur, die ihn durch alle seine Sinnen auffodert, sich zu vermehren, ehelos, alt und grau geworden ist, und mitten in der Gesellschaft, die ihn verachtet oder vergißt, einsam in seinen lezten Tagen weder den Trost, den Baucis dem bejahrten Philemon gewährte, noch Kinder hat, die ihre Arme ausstrekken, ihn zu stüzzen, und ihre Hände, seine matten sterbenden Augen zu schliessen, und unbeweint ins Grab sinkt?

Welcher Abstand zwischen diesem verlassenen Wesen und jenem, der dem Gesezze der Natur getreu, Hymens Altar und Bande nicht verschmäht, der, wie Pythagoras und Sokrates, in der Philosophie kein Hinderniß gegen diese Vereinigung gefunden hat! e) Giebt es wohl, sagt Sto-

---

e) Cum vero quidam dixisset nuptias sibi videri impedimento ad philosophandum esse: *Pythagoræ* quidem, dixit *Musonius*, non fuit impedi-

baus f), eine angenehmere Gesellschaft als die eines Mannes und Weibes, die diese Bande vereinigen? Die Gegenwart eines treuen Freundes, eines geliebten Bruders, eines theuern Sohnes hat nicht so viele Reize, als der Umgang einer Gattin für ihren Gatten. Welche Trennung ist härter als die eines Gatten für das Weib, das ihn liebt, oder einer Gattin für den Mann, der sie anbetet? Wechselseitig erleichtern sie sich die Last des Lebens, versüßen oder verscheuchen den annähernden Kummer, und helfen einander die drükkenden Unfälle tragen. Wurden Thränen jemals sanfter getroknet, als durch die Hand einer zärtlichen Gattin? Wer verschafte jenen eines Weibes süßere Linderung, als der Mann, der damit die seinigen vermischte? Selbst die verschiedenen Lebenszeiten bringen nur Abwechselung in die Freuden der Ehegatten. In der Vollkraft des Lebens bereichern sie, im entzükkenden Genusse der Herzen und Sinnen, die große Erdenfamilie, zollen den der Gesellschaft schuldigen Tri-

---

mento, neque *Socrati*, neque *Crateti*, quorum unus quisque cohabitavit uxori: nec ullos alios nominare possis qui melius illis philosophati sint. *Stobæus de laude nuptiarum.*

f) Nullam vero necessariam magis aut suaviorem conjunctionem, quam viri et mulieris reperias. Nam quis sodalis sodali, aut frater fratri, aut filius parentibus tàm fuerit amicabilis et gratus quam uxor est suo marito? cujus item absentia adeo desirabilis est, quam viri uxori, et uxoris viro? *Stobæus de laude nuptiarum.*

but, verewigen ihr Daseyn durch jenes ihrer Kinder, und verschaffen sich eine Art von Unsterblichkeit. Späterhin sind es die trautesten, seligsten Gefühle, die Erziehung ihrer Kinder, ihre Fortschritte, ihr Ruhm, die sie beglüken. Wenn endlich die Jahre sich häufen, und das Feuer der Sinnen im Alter verglüht, dann versüßt die wechselseitige Hilfe ihre Tage; im Kreise aller derer, die ihnen das Leben verdanken, finden sie ihre schönste Krone: ihre Spiele, ihre Vergnügungen, erinnern sie an die ihrigen, und versezzen sie, gleichsam, wieder in ihr eigenes schönstes Lebensalter. Ein neuer Genuß ist es für sie, wenn ihre Kinder sich durch Hymens Bande vereinen; ein neuer Genuß, der Anblik ihrer Enkel; und der Tod dünkt ihnen bei seinem Herannahen weniger schmerzlich, weil sie, da er in ihnen nur den Stamm der Familie trift, in den um ihn hergrünenden Sprößlingen seine Hiebe zu überleben glauben.

Ja, ich darf es sagen, mußte nicht der Urheber der Menschen-Natur, eine Vereinigung, zu welcher er sie bestimmte, wovon die Erhaltung des schönsten seiner Werke abhieng, mit tausend Annehmlichkeiten begleiten? Und da er in des Menschen Blut und Herz den Drang und feurigen Trieb zur Ehe legte, da er beide Geschlechter mit dieser Art von Magnet begabte, der sie unaufhaltsam zu einander hinzieht, so mußte er auch ihrer Vereinigung alle Reize geben, welche sie eben so angenehm machen konnten, als er selbst sie nothwendig gemacht hatte.

Aber welche Stimme vernehme ich? "Ja wohl, "sagt sie, hat die Ehe ihre Reize; ja wohl ist sie "an sich selber ehrwürdig, als die Erhalterin und "Trösterin des menschlichen Geschlechtes, die Stüzze "der Staaten, der dem Rufe der Natur entspre= "chendste Stand; allein, kann sie in den Augen "des Tugendhaften einigen Werth haben, so lange "sie nicht den Segen des Himmels aus Priesters "Händen empfangen, so lange sie nicht dadurch "zu einer geheimnißvollen Würde erhoben worden, "welche sie von dem Zusammentritt der Thiere, "oder der demselben nur zu ähnlichen Vereinigung "der Wilden unterscheidet.,,

Bürger! eine solche Behauptung darf euch be= fremden, aber nicht beunruhigen. Der Fanatismus allein konnte sie erdenken und aufstellen; nein, nicht die Priester, die nur Diener der Religions= partheien sind, unter welche sich die Meinungen theilen, und die nur auf jene ihrer Anhänger Rechte haben, die ihnen solche zugestehen wollen: nein, nicht sie sind es, welche der Gesellschaft Gesezze über die Ehe vorzuschreiben haben, die, ihrer We= senheit nach, alle Glieder derselben, ohne Unter= schied ihres Glaubens, zum Gegenstande hat. Dem Souverin, dem Volke kömmt es zu, durch seine Vertreter die Bedingnisse zu bestimmen, unter welchen der eheliche Bund für giltig erkannt wer= den soll; den Staatsbeamten, die es selbst er= wählt hat, kömmt es allein zu, diesen Vertrag unter den Bürgern, für gesetzmäßig zu erklären.

Es war eine Zeit, ja eine lange Zeit, wo die Gesezze den Priester, als Zeugen dabei auftreten ließen; wo ihm allein die Abfassung des Aktes davon aufgetragen war; nun aber, da die Stimme des Volkes diese Verrichtung ihm abgenommen, ist er nichts, als was jeder Anhänger einer besondern Meinung aus ihm machen will; er hat keine Gewalt über den Vertrag der im Namen der ganzen Gesellschaft geschlossen wird. Und selbst unter der vorigen Verfassung, was war er eigentlich anders, als ein Zeuge, ein Vorsprecher des ehelichen Schwures. Der Segen, den er aussprach, und den ich, als den Gebrauch eines tolerirten Gottesdienstes, achte, hinderte die Gerichtshöfe nicht, solche geweihte Verbindungen zu trennen, wenn sie nicht gemäß den damaligen Gesezzen waren eingegangen worden; und wenn diese Einsegnung Jahrhunderte in Frankreich ein so wesentliches Erfoderniß bei der Ehe gewesen ist, daß in Ermangelung schriftlicher Beweise davon, dieselbe für nichtig erklärt wurde, so muß man dieß der Herrschaft zuschreiben, die sich eine in Tyrannei ausgeartete Religion über die Könige und Völker anmaßte, bloß weil sie sich zur Ausschließlichen aufgeworfen hatte.

Zudem ist nach unserer neuen Konstitution es niemanden benommen, wenn er den Gesezzen der Gesellschaft Genüge geleistet hat, an den, zum Gottesdienste überlassenen Oertern, alle Segnungen, die er für nothwendig halten mag, einzuholen. Wir haben nichts dagegen. Katholiken, Protestanten, Juden, rufet eure Priester, eure Prediger, eure Rabbinen: was liegt uns daran? Nur daran liegt der Gesellschaft, daß man unter dem Vorwande irgend einer Religion keinen Bürger plage, ihm Geld abfodere für das Ausrufen von Verlobungen, das nie was anderes als eine bürgerliche Verkündigung seyn konnte, und durch die jezzigen Gesezze über die Verehligung der Bürger abgeschaft ist; oder für's Dispensiren wegen Verwandschaft. Die vorigen Gesezze gestatteten der Kirche es um schweres Geld zu ertheilen, und dies Gewerbe konnte und mußte die Nation abschaffen, weil dergleichen Heirathen weder der Natur noch der gesellschaftlichen Ordnung zuwiderliefen, und man die Dispensationen nur zu kaufen brauchte, um sie zu erhalten. Nur daran ist uns gelegen, daß man nicht durch frömmelnde Einflüsterungen friedliche Bürger beunruhige, denen die Ehe heilig ist, wenn sie auch gleich nur vor unsern Magistraten geschlossen worden ist.

Und warum sollte sie auch minder heilig als die andern seyn? Wird sie nicht in Gegenwart des höchsten Wesens, nach den Absichten der Natur, den vaterländischen Gesezzen gemäß, unter den Augen der Erwählten des Volkes geschlossen? Was ist sie in der Kirche, in der Synagoge, im Dekaden-Tempel? was anders als ein feierlicher Vertrag, wodurch zwei Herzen sich vereinen, deren Zwek ist, sich sowohl zum Besten der Gesellschaft überhaupt als für ihr eigenes Wohl, fortzupflanzen, und sich einander alle Genüsse und alle Hilfen zu verschaffen, welche die Natur und die Gesezze verlangen oder gestatten? Sagt man mir: beim Erschaffen der ersten Häupter der Menschen = Familie habe der Urheber der Natur, der Schöpfer aller Wesen, sie gesegnet, und ihnen befohlen zu wachsen und sich zu vermehren; so darf ich dagegen fragen: sind wir nicht Abkömmlinge dieses in seiner Fortpflanzung gesegneten Geschlechtes, oder ist der himmlische Segen durch die Länge der Zeit geschwächt?

Doch was kämpfe ich lange gegen leere Worte? Der eheliche Vertrag ist an sich, und wie alle Schwüre, seiner Natur nach, schon heilig, und braucht nicht erst es durch einen Priester zu werden. Ja, wenn ich, mit der Hand aufs Herz, das höchste Wesen zum Zeugen des Bundes anrufe, den ich schließe, und den die Volksbeamten beurkunden: so bin ich, so lange derselbe nicht gesezlich aufgelöst ist, dadurch dem Staate und meiner Gattin, der Gottheit und mir selbst, verpflichtet; und weiß keinen heiligern Schwur, als den des Rechtschaffenen.

Erhabenes Fest der Ehegatten, eben der Würde und Heiligkeit des Ehestandes wegen bist du eingesezt worden! Lob euch, Vorsteher des Volkes, daß ihr es nach Würden g) habt feiern wollen! Und

---

g) Ausdruk der Berathschlagung der Munizipalität von Mainz.

wie freut es mich, bei dieser feierlichen Handlung den Stellvertreter der fränkischen Regierung h) gegenwärtig zu sehen, der hieher kam, euch unsere Gesezze mitzutheilen, und der euch durch sein Beispiel Liebe zu denselben einflößen will! Mit welchem Vergnügen durchlaufen meine Blikke diese Gruppen von Familien-Vätern und tugendhaften Müttern, die im Gefühle der Würde ihres Standes sich zur Feier ihres Glüks um den Vaterlands-Altar versammeln! Wie trostvoll muß nicht auch für unsere Vertheidiger dieses interessante Fest seyn! Wenn sie im Schoose des Ruhms unter dem feindlichen Schwerdte erliegen, so muß der Gedanke, fürs Vaterland zu sterben, und daß der Ehestand, den wir ehren, ihren Verlust ersezzen wird, sie zweifach trösten; und kehren sie, nachdem sie Europa den Frieden gegeben, zu ihren Familien zurük, welch tugendhaftes Mädchen wird nicht in die Lorbern, die ihre Stirnen umkränzen, die Myrtenblätter der Liebe und Hymens Rosen einflechten wollen?

Vergebens wird man, um den großen und tröstlichen Gedanken der Heiligkeit des Ehestandes zu schwächen, uns die Leichtigkeit entgegensezzen, die uns das Gesez gestattet, ihn aufzulösen. Wie? Sollte uns das Leben darum weniger heilig seyn, daß wir es uns so leicht nehmen können? Wahr-

---

h) Der Bürger Marquis, Regierungs-Kommissär in den neuen Departementen, wohnte dem Feste bei.

lich nein! Nun eben dies gilt auch von der Ehe: diese Leichtigkeit, sie aufzulösen, die Schwachheit der Natur, die Unbeständigkeit der Gemüthsarten, die Blindheit der Liebe wenn sie allein das Eheband knüpft; der von habsüchtigen und grausamen Eltern oft erpreßte Gehorsam, die herrschenden Sitten, die Klagen wovon die Gerichtshöfe ertönten, alles zeigte die Nothwendigkeit eines Gesezzes, wodurch die Ehescheidung gestattet wurde; und ich rechne es mir zur Ehre, dazu mitgewirkt zu haben, in einer Versammlung i), für die es ein ewiges Denkmal von Weißheit und Menschenliebe bleiben wird.

Allerdings konnte man dieses nothwendige und wohlthätige Gesez misbrauchen; Zeitumstände und Sittenverderbniß konnten eine sträfliche Anwendung desselben begünstigen; indem wir aber die davon gemachten Mißbräuche tadeln, laßt uns doch seine Wiedereinführung k) loben, und dem Ehestand zu Ehren schließen, daß eine passende, von der Natur eingegebene, und vom Verstand geleitete Wahl die

---

i) Der gesetzgebenden Versammlung.

k) Ich sage: Wiedereinführung, weil ich in einer Anmerkung zu meiner bei der Krönung der Rosen= mädchen im Saale des Lizäums der Künste zu Paris gehaltenen Rede, bewiesen habe, daß die Ehescheidung unter dem Katholicismus statt gehabt hat, wie aus dem vom Mönche Marculph aufbehaltenen, und dort von mir angeführten Ehescheidungs=Formular erhellt.

künftigen Ehegatten vor der Nothwendigkeit seiner Anwendung bewahren wird. Ja! Männer, wählet uneigennüzzig und vorsichtig, Gattinnen nur unter jenen, deren Brautschaz durch Tugend ergänzt und verherrlichet wird; unter jenen, deren Angewohnheiten, Sitten, Lebensweise, durch Erziehung in einem eurem eigenen ungefähr gleichen Stande gebildet, mit eurem eigenen am besten zusammen stimmen l)! Keine brausende Leidenschaft, kein frostiger Eigennuz, nur Gefühl, entscheide eure Wahl! Fern von eurem Herzen sey jeder Gedanke von Tyrannei und Gewalt! — Gründet eure Herrschaft über eure Gattinnen nur auf die Gesinnungen, die ihr ihnen einzuflößen wißt. Seyd ohne blinde Leichtglaubigkeit trausam, und kränkt treue Liebe nicht durch Argwohn und Eifersucht! — Gleich fern von Verschwendung und Geiz, versagt euren Gattinnen nur das, was ihrem Tugend-Ruf und der Erziehung eurer Kinder zum Nachtheil gereichen würde!

Frauenspersonen, handelt eben so vorsichtig und klug, als die Männer, und laßt euch, beim Verschenken eurer Hand, nie vom Drange der Umstände, nie von ungerechter Gewalt, nie von blinder, faselnder Liebe hinreißen! Gattinnen! — eine eurer Lieblingstugenden sey Sanftmuth, immer bereit, den ehelichen Umgang zu versüßen und zu zieren, und häusliche Gewitter abzuleiten m)!

---

l) Si qua voles apte nubere, nube pari. *Ovidius.*
m) Responsio mollis frangit iram.

Einfach ohne Ziererei sei euer Puz! Seid am liebsten zu Haus, führt eure Haushaltung, und verrichtet emsig alle jene Geschäfte, so die Natur euch besonders bestimmt hat!

Ja! wenn diese Tugenden des häuslichen Umgangs, die einen Hauptbestandtheil republikanischer Tugenden ausmachen, einmal unsern Eheleuten eigen sind; denn wird die Leichtigkeit der Ehescheidung gewiß niemand zur Eh'scheidung reitzen. Ehescheidung wird denn etwas eben so seltenes werden, als sie's in den ersten Zeiten der römischen Republik war. In dem in ihrer Jugend geschlossenen Bunde werden Ehegatten alt werden, und selber gestehen und beweisen, daß dies an sich heilsame Gesetz nur für unglückliche Ehen gegeben ist.

Heiliger, ehrwürdiger Ehebund, ewig wird du eine Republik, die dich ehrt, stützen, und ewig dem Menschengeschlechte heilig seyn! In aller Gottes-Verehrer Augen, zu welchem Gottesdienst die Ehegatten sich auch bekennen mögen, heilig, und heilig auch schon darum, daß du dich auf Vertrag und Schwur rechtschaffener Menschen gründest — Nie wende man, dich zu trennen, ein Gesetz an, das nur der Verzweiflung eine letzte Zuflucht gewähren soll.

F. V. Mulot.

www.ingramcontent.com/pod-product-compliance
Lightning Source LLC
Chambersburg PA
CBHW060500050426
42451CB00009B/743